PROJET

DE CONSTRUCTION

D'UN

HOTEL DES INVALIDES CIVILS.

PROJET

DE CONSTRUCTION

D'UN

HOTEL DES INVALIDES CIVILS

POUR LE DÉPARTEMENT DE LA SEINE,

SANS AUCUN FRAIS,

NI POUR L'ÉTAT, NI POUR LE DÉPARTEMENT;

PAR J. GLAUDIEU,

Architecte, à Paris.

Cet Hôtel serait établi pour dix mille personnes, et construit sur les hauteurs de Chaillot, en face le Champ-de-Mars.

PARIS
TYPOGRAPHIE DE E. ET V. PENAUD FRÈRES,
10, RUE DU FAUBOURG-MONTMARTRE.

1848

PROJET

DE CONSTRUCTION

D'UN

HOTEL DES INVALIDES CIVILS.

———

Au moment où l'on étudie les moyens d'améliorer le sort des travailleurs, où tant de généreuses pensées se font jour, et cherchent à résoudre cette question trop longtemps négligée; chacun doit apporter sa part d'intelligence, pour aider à la solution de ce grand problème.

Les débats commencent à peine, et déja beaucoup de bons esprits sont divisés sur les moyens à employer; parmi eux, beaucoup pensent, à tort ou à raison, que l'on se fait illusion sur les résultats que l'on en doit attendre.

Il ne m'appartient pas de me prononcer ici; fils, parent, allié d'ouvriers, je ne puis que désirer vivement le triomphe d'une si juste cause.

Je ne viens donc pas discuter quel moyen sera

le meilleur, et si ceux que l'on se propose atteindront le but ; mais il est un point sur lequel chacun sera d'accord ; c'est que l'on ne peut arriver à la perfection, et que, quel que soit le résultat qui sera obtenu, fût-ce le meilleur, le côté faible de l'humanité apparaîtra toujours ? — Or, il est malheureusement certain que, pour un grand nombre d'ouvriers, l'augmentation de salaire, une part plus équitable dans les bénéfices de la production, n'amèneront aucune amélioration dans leur position ; que, pour ceux dont nous parlons, le manque d'ordre, quelquefois l'insouciance, ou le peu d'amour du travail, les retrouveront, à l'époque où l'âge et les infirmités ne leur permettront plus de travailler, dans l'état de gêne dont on veut les faire sortir.

Il est trop vrai, pour quiconque connaît, ou employe des ouvriers, que dans Paris, et généralement dans les villes industrielles, c'est parmi les ouvriers dont les salaires sont le plus élevés, que se rencontrent ceux qui ont le moins d'ordre et font le moins d'économies.

Nous pourrions citer à l'appui de ce que nous avançons des preuves irrécusables, mais tel n'est pas notre but. Nous constatons un fait ;

nous ne venons pas ici récriminer, adresser des reproches; nous cherchons à venir en aide à tous, indistinctement.

Dans un assez grand nombre de professions, des caisses mutuelles de secours sont établies; elles ont rendu de grands services, soulagé bien des misères; mais elles sont insuffisantes, elles ne peuvent donner qu'un secours momentané.

Il faut donc mieux que cela. Il faut qu'une vaste association vienne les compléter et qu'avec ce qu'elle doit produire, la classe ouvrière élève, pour le jour où l'âge, ou bien les accidents viendront à lui ôter les moyens de travaille, un asile noble et digne, et tel que la patrie en a déja consacré un à ceux qui versent leur sang pour la défendre.

En un mot:

UN HÔTEL DES INVALIDES CIVILS.

Le 24 Février, l'on traçait cette inscription sur les murs du palais des Tuileries; mais cette institution n'est pas possible dans ce monument; sa disposition, son exiguité s'y opposent, et s'il cesse d'être le siége du pouvoir éxécutif, il ne peut servir que d'annexe au Musée, pour y recevoir des objets d'art,

Quant à l'idée de créer un Hôtel pour les Invalides du travail, elle n'est pas nouvelle. Sous ce titre, j'ai exposé au Salon de 1832 un projet de monument destiné à cette fondation; les livrets du Musée, et, au besoin, d'autres témoins en feraient foi; ce projet, encore dans mes cartons, n'était présenté que comme esquisse; je l'avais borné aux professions relatives aux constructions.

Aujourd'hui, cette pensée est susceptible d'un plus grand développement; j'ai revu mon projet qui se ressent de l'inexpérience d'un jeune homme de vingt ans; je l'étudie de nouveau. Bientôt, ces études seront complètes; mais, en attendant, je viens soumettre à mes concitoyens, non-seulement cette penée que je crois réalisable, mais encore indiquer les voies et moyens nécessaires pour arriver à cette création.

Il n'en couterait rien, ni a l'État ni au Département.

Les ouvriers, les fabricants, les entrepreneurs feraient seuls les frais d'établissement et de dotation.

Ce n'est pas un hospice, ce n'est pas par charité que les ouvriers y seraient admis; c'est un lieu de retraite, élevé par eux, pour eux seuls, et où l'admission ne serait plus le résultat de la faveur, mais bien l'exercice d'un droit. En un mot, ce serait un placement que l'ouvrier retrouverait un jour; il le devrait à son travail et non à la charité publique.

Toutes les professions exercées dans le département de la Seine auraient droit à y être admises, dans la proportion des ouvriers employés par chacune d'elles.

Sauf le cas de blessures entraînant incapacité de travail, ce qui alors donnerait un droit immédiat, l'on y serait admis à soixante ans, à la condition d'exercer depuis dix ans dans le département.

L'association comprendrait DIX MILLE personnes,

Huit mille logées à l'Hôtel, et deux mille pensionnaires externes.

Ces derniers jouiraient d'une pension égale au chiffre auquel serait réglée la dépense des internes.

Construction.

Ce monument serait élevé sur l'emplacement choisi sous l'Empire, pour recevoir le château du roi de Rome, quai de Billy, en face le Champ-de-Mars.

La Ville livrerait gratuitement le terrain.

Pour obtenir l'emplacement nécessaire, il faudrait exproprier à gauche, dans une largeur de cent trente-six mètres, sur trois cent quinze de profondeur.

La superficie totale du terrain serait alors de cent quatre-vingt-sept mille deux cents mètres, ci . . . . 187,200 ^{m} » *

Dépenses.

Expropriation de la partie à gauche de l'emplacement, 136^m 00 sur 315^m 00, ce qui produit. . . . . 42,840^m » **
à 30 fr. 00 c. le mètre surperficiel, produit, un million deux cent quatre-vingt-deux mille cinq cent vingt francs, ci . . . . . 1,282,520 fr. »

Indemnité pour les constructions, quatre cent mille francs, ci . . . . 400,000 fr. »

* L'emplacement occupé par l'Hôtel des Invalides, et dans lequel il y a une perte immense de terrain, donne, y compris l'avant-cour sur l'esplanade, une surface de cent quarante-neuf mille mètres, ci . . . . , ... 149,000 ^{m} 00

C'est donc, en plus, trente-huit mille mètres . . 38,000 00

** Il n'y a presque pas de constructions sur cette partie ; elle est occupée par des murs recevant des espaliers.

Construction.

Trente mille mètres superficiels de bâtiment à construire, à mille francs le mètre, donnent trente millions, ci. . . . . 30,000,000 »

Matériel, mobilier, etc., dix millions, ci. . . . . 10,000,000 »

Frais d'agence, Architecte, Inspecteurs, Sous-Inspecteurs, Vérificateurs, Gardiens, etc., etc., etc., trois cent dix-huit mille francs, ci. 318,000 »

Ensemble, QUARANTE DEUX MILLIONS CINQ CENT VINGT FRANCS, ci. . . . . 42,000,520 fr. »

Voies et Moyens.

Est-ce exagérer, que de supposer que le chiffre des travailleurs du département de la Seine s'élève à cent cinquante mille ?

Nous ne le pensons pas, et nous croyons être au dessous de la vérité *.

* Si nous n'avons admis que le chiffre de 150,000, c'est que nous avons voulu exagérer les dépenses, et nous tenir au-dessous du chiffre réel des ressources, ainsi que l'on le recon-

Supposons, pour chaque ouvrier, deux cent quarante jours de travail par année, ou huit mois sur douze, déduction faite des dimanches, et des jours de chômage, nous obtiendrons :
150,000 × 240, =. . . . . 36,000,000 soit, trente-six millions de journées.

Chaque ouvrier laisserait par chaque jour de travail la retenue suivante :

Pour les journées jusqu'à 3 fr.,   » fr. 10 c.
                            à 4   »   15
                            à 5   »   20
                            à 6   »   25

La moyenne proportionnelle pourrait donner pour chaque jour. . . . .   »   15 c.
Le patron ajouterait. . . . . .   »   10

Total. . . . .   »   25 *

naîtra ; d'ailleurs, dans notre projet, les ressources étant toujours réalisées avant les besoins, rien ne serait plus facile que d'augmenter l'Hôtel, et surtout le nombre des pensionnaires externes.

* Un autre moyen pourrait être également employé :

La journée de travail est de dix heures, plus deux heures consacrées au repas. Le premier de ces repas, qui se prend de neuf à dix heures du matin est celui qui exige le plus de temps ; pour le second, de deux à trois heures, une demi-heure suffirait ; la demi-heure restante serait employée au travail.

Pour prix de ce travail, le patron verserait, par chaque journée, vingt-cinq centimes, ci . . . . 0. 25 c.

qui, multipliés par trente-six millions de journées, donneraient par année :

Neuf millions, ci. 9,000,000
pendant cinq ans, temps présumé nécessaire
pour construire et meubler l'Hôtel.

Ensemble quarante-cinq millions, ci : 45,000,000

Trois millions, en sus de la dépense, applicables au fonds de réserve de la dotation annuelle.

Les sommes provenant de ces retenues seraient versées dans les deux jours qui suivraient
chaque paye, entre les mains du caissier désigné à cet effet, et portées au compte courant
de chaque ouvrier, fabricant ou entrepreneur.

Chaque ouvrier aurait un livret, sur lequel
le patron inscrirait la somme retenue, et celle
qu'il devrait y ajouter, afin de permettre à l'ouvrier de contrôler son dépôt.

Les fonds versés à la Banque ne pourraient,
sous aucun prétexte, être détournés de leur
emploi. Ils serviraient, chaque mois, à solder,
soit les à-comptes pendant la construction, soit
les dépenses après l'installation.

Dotation annuelle.

La construction achevée, la retenue serait

tellement diminuée qu'elle deviendrait insignifiante, et serait appliquée uniformément sans distinction des prix de journée.

Elle serait égale pour l'ouvrier, et pour le patron.

La dépense annuelle pourrait être facilement couverte avec deux millions cinq cent mille francs, ci . . . . 2,500,000 fr. *

La retenue ne serait plus alors que de cinq centimes pour l'ouvrier, auxquels le patron ajouterait cinq centimes, soit dix centimes par jour, ce qui, pour trente-six millions de journées, donne trois millions six cent mille francs, ci . . . . : . . 3,6000,000 fr.

C'est donc onze cent mille francs pour le fonds de réserve, destiné à apporter successivement toutes les améliorations désirables, à

* La Salpêtrière contient 5,000 lits, dont 1,500 à 1,800 pour les aliénées et 200 à l'infirmerie, pour les non aliénées.

Le personnel employé, comprenant les bureaux, surveillantes, sous-surveillantes, filles de service, chefs d'ateliers, etc., etc., s'élève à 425 personnes.

Le budget des dépenses varie de 7 à 900,000 fr.

Il est donc incontestable, que, si 5,000 personnes, dont 1,500 à 1,800 aliénées, exigeant des traitements plus coûteux, des frais d'établissement pour ces traitements, etc., etc., coûtent (prenons le chiffre le plus élevé), 900,000 fr., 10,000 peuvent, avec deux millions et demi, obtenir tous les soins et le bien-être désirables.

augmenter, soit l'établissement, soit les pen-
sions externes, et à établir un fonds pour cou-
vrir le déficit résultant des années de crise in-
dustrielle, où le chômage est forcé pour le plus
grand nombre.

Ainsi, pour nous résumer, que demandons-
nous? Un sacrifice pendant cinq ans ; (car on
ne peut parler de celui qui oblige à laisser cinq
centimes par jour de travail) ; sacrifice calculé
progressivement selon le prix de la journée,
et dont le chiffre le plus élevé ne dépasse pas
vingt-cinq centimes pour une journée de six
francs. Et ce, pour obtenir, dans un court es-
pace de temps, une des plus belles créations
dont puisse s'honorer l'humanité, et dont les
résultats heureux amèneront des imitateurs
dans toute la France et à l'étranger.

Si ce projet devait être mis à exécution, rien
n'empêcherait de le commencer promptement.
La première année serait loin de produire,
comme fonds disponibles, le chiffre de neuf
millions, attendu l'état de stagnation de l'in-
dustrie ; mais, comme de tels travaux ne peuvent se développer que successivement, et que
les déblais et la plantation d'une construction
ne permettent pas, par leur nature, l'activité

que l'on peut y déployer plus tard; en admettant que cinquante mille ouvriers, seulement, soient employés aujourd'hui, cela donnerait, pour trente jours par mois, un million cinq cent mille journées, qui, à vingt-cinq centimes, produiraient trois cent soixante-quinze mille francs, pour chacun des premiers mois, avec l'espoir de voir chaque jour augmenter les fonds par la reprise du travail.

Nulle association n'aurait un plus noble but! Elle assurerait à l'ouvrier une retraite digne et honorable pour ses vieux jours; il ne la devrait qu'à lui et au lien de fraternité qui doit toujours unir le patron et le travailleur!

Ce serait pour l'Assemblée nationale clore dignement l'une de ses séances, que de régulariser cette association; ce serait inaugurer l'ère nouvelle de la République par un monument qui rappellerait constamment son principe, fondé sur l'AMÉLIORATION DU SORT DES TRAVAILLEURS.

10 Mai 1848.

J. GLAUDIEU,
Architecte à Paris.

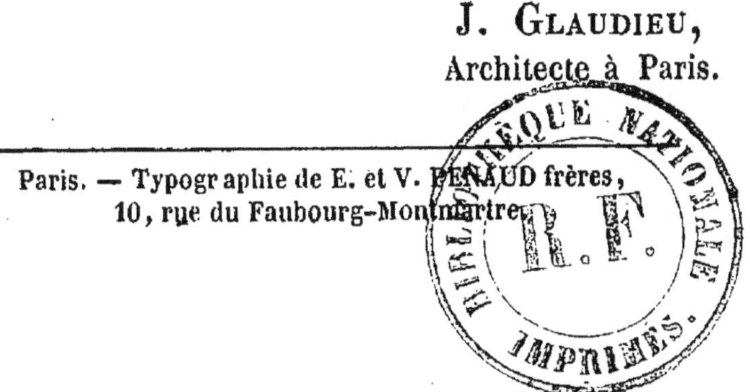

Paris. — Typographie de E. et V. PENAUD frères,
10, rue du Faubourg-Montmartre.

www.ingramcontent.com/pod-product-compliance
Lightning Source LLC
Chambersburg PA
CBHW061500050726
47593CB00004B/1716